建築物の現場における電磁シールド性能測定方法規準・同解説

Standard for Method of Measuring the Electromagnetic Shielding Effectiveness of Architectural Shielded Enclosures at a Construction Site

2017

日本建築学会

本書のご利用にあたって
本書は，作成時点での最新の学術的知見をもとに，技術者の判断に資する技術の考え方や可能性を示したものであり，法令等の補完や根拠を示すものではありません．また，本書の数値は推奨値であり，それを満足しないことがただちに建築物の安全性，健康性，快適性，省エネルギー性，省資源・リサイクル性，環境適合性，福祉性を脅かすものでもありません．ご利用に際しては，本書が最新版であることをご確認ください．本会は，本書に起因する損害に対しては一切の責任を有しません．

ご案内
本書の著作権・出版権は(一社)日本建築学会にあります．本書より著書・論文等への引用・転載にあたっては必ず本会の許諾を得てください．
Ⓡ〈学術著作権協会委託出版物〉
本書の無断複写は，著作権法上での例外を除き禁じられています．本書を複写される場合は，学術著作権協会（03-3475-5618）の許諾を受けてください．

一般社団法人　日本建築学会

序

　一般的な建築物に適用可能な電磁シールド性能の代表的な測定方法には，MIL-STD-285[1]（米国国防総省軍用規格，1956年制定，1997年廃止），IEEE Std 299[2]（米国電気・電子技術者協会，1991年制定），およびNDS C 0012B[3]（日本国防衛省規格，1998年制定）の3つがある．我が国では，これらの中で最初に規格化されたMIL-STD-285を基本として，測定者が現場での測定の簡便性を考慮した各々独自の方法により，建築空間の電磁シールド性能の測定が行われてきた．

　このような状況から日本建築学会では，建築現場において構築される電磁シールドルームの性能値を統一された測定方法により評価することを目的に，2000年に本規準の原案となる「建築物の現場における電磁シールド性能測定方法（2000年）」（以下「原案」という）を作成し，シンポジウムで提案した[4]．この原案は電磁シールド室を構成する壁，床，天井，建具（扉，窓）等の電磁シールド性能を発信装置および受信装置を用いてその部位ごとに測定・評価する方法であり，MIL-STD-285に準拠している．MIL-STD-285では測定周波数30MHzまでは挿入損失法による測定とし，30MHz以上の測定には透過損失法を規定しているが，この原案では30MHz以上の測定においても透過損失法と挿入損失法の2つの測定方法を採用した．これは建築現場における特異性を考慮し，測定実施時の簡便性を重視した結果である．しかし，最近の測定実施状況を見ると，大部分の測定が挿入損失法で行われ透過損失法を採用する例はほとんど見られない．そこで建築現場の実情に即し，挿入損失法に一本化した本規準を作成した[5]．最後に，本規準は前述したMIL-STD-285, IEEE Std 299, およびNDS C 0012Bとは異なる測定方法であることに留意されたい．

　本規準は日本建築学会が推奨する測定方法として，建築物の現場で広く活用されることを期待するものである．

　本規準は，下記の委員会を経て審議されました．

電磁場計測手法SWG　　　　　（1999年度〜2002年度，主査：影山健二）
電磁場計測評価WG　　　　　　（2003年度〜2004年度，主査：平井淳一）
電磁環境小委員会　　　　　　（2005年度〜2012年度，主査：平井淳一，三枝健二（2012年度のみ））
電磁環境計測評価小委員会　　（2013年度〜2014年度，主査：三枝健二）

2017年2月

日本建築学会

Introduction

There are three typical standards, MIL-STD-285 (U.S. Department of Defense, military standards, enacted in 1956, abolished in 1997), IEEE Std 299 (U.S. IEEE standards, enacted in 1991) and NDS C 0012B (Japan national defense standards, enacted in 1998) applicable to measuring the electromagnetic shielding effectiveness of architectural shielded enclosures. In Japan, the shielding effectiveness of architectural shielded enclosures had been measured using each measurer's own non-standard methods based on the MIL-STD-285. These methods took construction site operation efficiency into account, yet considering the variation of methods, the Architectural Institute of Japan started to standardize the method of measuring the shielding effectiveness of architectural shielded enclosures at construction sites. The AIJ made a draft of the standard and presented it at a symposium in 2000. The standard measures the shielding effectiveness of walls, floors, ceilings and joinery (doors, windows) constructing the shielded room separately. The draft of the standard is based on MIL-STD-285. MIL-STD-285 utilizes the insertion loss method up to frequencies of 30MHz and the transmission loss method at frequencies over 30MHz. However, the draft of the standard utilizes both the insertion loss method and the transmission loss method over 30MHz. Because the method of measurement is used at construction sites, consideration of the convenience of the measurement is important. This is the reason why the draft of the standard utilizes two methods over 30MHz. However, recent investigation into the implementation of the measure has shown that the insertion loss method is mostly utilized and the transmission loss method is scarcely utilized. Therefore, considering actual methods of measurement, only the insertion loss method of the standard is being utilized. Please note that the standard is different from MIL-STD-285, IEEE Std 299 and NDS C 0012B.

The standard is recommended by AIJ. We hope that the standard is widely used at construction sites.

日本建築学会環境基準（AIJES）について

　本委員会では，これまでに，日本建築学会環境基準（AIJES）として13点を発刊するに至っている．また，各分野において，規準等を整備すべく，検討・作成作業が進められてきた．

　AIJESはアカデミック・スタンダードと称し，学会が学術的見地から見た推奨基準を示すことを目的に，「基準」，「規準」，「仕様書」，「指針」のような形で公表されてきた．これらの英文表記は，「Academic Standards for～」としていたが，この「Academic Standards」には教育水準といった意味もあり，AIJESの目的とは異なる意味に解される場合もあり誤解を生ずる恐れがあるとの指摘も寄せられた．

　そこで，2010年度以降に発刊されるAIJESについては，英文表記を「Standards for～」等に変更することを決定した．また，既刊のAIJESについては，改定版刊行時に英文表記を変更することとした．

2010年9月

　　　　　　　　　　　　　　　　　　　　　　　　　　　　　日本建築学会　環境工学委員会

日本建築学会環境基準（AIJES）の発刊に際して

　本会では，各種の規準・標準仕様書の類がこれまで構造・材料施工分野においては数多く公表されてきた．環境工学分野での整備状況は十分ではないが，われわれが日常的に五感で体験する環境性能に関しては法的な最低基準ではない推奨基準が必要であるといえる．ユーザーが建物の環境性能レベルを把握したり，実務家がユーザーの要求する環境性能を実現したりする場合に利用されることを念頭において，新しい学術的成果や技術的展開を本会がアカデミック・スタンダードとして示すことは極めて重要である．おりしも，本会では，1998年12月に学術委員会が「学会の規準・仕様書のあり方について」をまとめ，それを受けて2001年5月に「学会規準・仕様書のあり方検討委員会報告書（答申）」が公表された．これによれば，「日本建築学会は，現在直面している諸問題の解決に積極的に取り組み，建築界の健全な発展にさらに大きく貢献することを目的として，規準・標準仕様書類の作成と刊行を今後も継続して行う」として，本会における規準・標準仕様書等は，次の四つの役割，すなわち，実務を先導する役割，法的規制を支える役割，学術団体としての役割，中立団体としての役割，を持つべきことをうたっている．

　そこで，本委員会では，1999年1月に開催された環境工学シンポジウム「これからの性能規定とアカデミック・スタンダード」を皮切りとして，委員会内に独自のアカデミック・スタンダードワーキンググループを設置するとともに，各小委員会において環境工学各分野の性能項目，性能基準，検証方法等の検討を行い，アカデミック・スタンダード作成についての作業を重ねてきた．

　このたび，委員各位の精力的かつ献身的な努力が実を結び，逐次発表を見るに至ったことは，本委員会としてたいへん喜ばしいことである．このアカデミック・スタンダードがひとつのステップとなって，今後ますます建築環境の改善，地球環境の保全が進むことへの期待は決して少なくないと確信している．

　本書の刊行にあたり，ご支援ご協力いただいた会員はじめ各方面の関係者の皆様に心から感謝するとともに，このアカデミック・スタンダードの普及に一層のご協力をいただくようお願い申し上げる．

2004年3月

　　　　　　　　　　　　　　　　　　　　　　　　　　　日本建築学会　環境工学委員会

日本建築学会環境基準制定の趣旨と基本方針

(1) 本会は,「日本建築学会環境基準」を制定し社会に対して刊行する.本基準は,日本建築学会環境工学委員会が定める「建築と都市の環境基準」であり,日本建築学会環境基準(以下,AIJESという)と称し,対象となる環境分野ごとに記号と発刊順の番号を付す.

(2) AIJES制定の目的は,本会の行動規範および倫理綱領に基づき,建築と都市の環境に関する学術的な判断基準を示すとともに,関連する法的基準の先導的な役割を担うことにある.それによって,研究者,発注者,設計者,監理者,施工者,行政担当者が,AIJESの内容に関して知識を共有することが期待できる.

(3) AIJESの適用範囲は,建築と都市のあらゆる環境であり,都市環境,建築近傍環境,建物環境,室内環境,部位環境,人体環境などすべてのレベルを対象とする.

(4) AIJESは,「基準」,「規準」,「仕様書」,「指針」のような形で規定されるものとする.以上の用語の定義は基本的に本会の規定に従うが,AIJESでは,「基準」はその総体を指すときに用いるものとする.

(5) AIJESは,中立性,公平性を保ちながら,本会としての客観性と先見性,論理性と倫理性,地域性と国際性,柔軟性と整合性を備えた学術的判断基準を示すものとする.
　それによって,その内容は,会員間に広く合意を持って受け入れられるものとする.

(6) AIJESは,安全性,健康性,快適性,省エネルギー性,省資源・リサイクル性,環境適合性,福祉性などの性能項目を含むものとする.

(7) AIJESの内容は,建築行為の企画時,設計時,建設時,完成時,運用時の各段階で適用されるものであり,性能値,計算法,施工法,検査法,試験法,測定法,評価法などに関する規準を含むものとする.

(8) AIJESは,環境水準として,最低水準(許容値),推奨水準(推奨値),目標水準(目標値)などを考慮するものとする.

(9) AIJESは,その内容に学術技術の進展・社会状況の変化などが反映することを考慮して,必要に応じて改定するものとする.

(10) AIJESは,実際の都市,建築物に適用することを前提にしている以上,原則として,各種法令や公的な諸規定に適合するものとする.

(11) AIJESは,異なる環境分野間で整合の取れた体系を保つことを原則とする.

規準作成関係委員（2016年度）
― （五十音順・敬称略） ―

環境工学本委員会
委員長　羽　山　広　文
幹　事　岩　田　利　枝　　菊　田　弘　輝　　甲　谷　寿　史
委　員　（省略）

企画刊行運営委員会
主　査　村　上　公　哉
幹　事　田　中　貴　宏　　中　野　淳　太
委　員　（省略）

建築学会環境基準作成小委員会
主　査　村　上　公　哉
幹　事　田　中　貴　宏　　中　野　淳　太
委　員　（省略）

建築物の電磁シールド性能測定法刊行小委員会
主　査　三　枝　健　二
幹　事　吉　野　涼　二
委　員　笠　井　泰　彰　　鶴　田　壮　広　　西　村　俊　哉

電磁環境運営委員会
主　査　川　瀬　隆　治
幹　事　遠　藤　哲　夫　　笠　井　泰　彰　　廣　里　成　隆
委　員　（省略）

執筆委員

笠井泰彰　三枝健二　鶴田壮広
西村俊哉　吉野涼二

建築物の現場における電磁シールド性能測定方法規準・同解説

目　　次

1. 目　　的 1
2. 適 用 範 囲 1
3. 用語の定義 1
4. 測　定　量 2
5. 挿入損失法による電磁シールド性能評価の基本 3
6. 測定界および周波数 4
7. 測 定 装 置 5
　7.1　測定装置の接続と各測定装置 5
　7.2　発信・受信装置の設定 10
　7.3　アンテナ間距離および高さ 11
　7.4　測定装置の設置と測定者 12
8. 測 定 方 法 13
　8.1　アンテナの設置と偏波 13
　　8.1.1　アンテナ間距離と電磁シールド層厚さ 13
　　8.1.2　アンテナの偏波 14
　8.2　基　準　測　定 17
　8.3　シールド層測定 20
　　8.3.1　低域磁界および電界（10kHz〜30MHz）の測定 20
　　8.3.2　中域および高域電磁界（30MHz〜6GHz）の測定 21
9. 測　定　点 22
　9.1　　壁 23
　9.2　床，天井 23
　9.3　建　　具（扉，窓） 23
　9.4　設 備 機 器（フィルタボックス，空調ダクト，設備配管など） 24
10. 測定結果の整理方法および表示方法 25
参 考 資 料 26
参 考 文 献 29

1. 目 的

本規準は建築現場において構築される電磁シールドルームを対象として，電磁シールド性能の検査を行う際の測定方法を統一し，建築界における電磁シールド性能測定方法の指針を日本建築学会として提供することを目的としている．

2. 適用範囲

本規準は，電磁シールドルームの電磁シールド性能を，電波の発信装置を用いて測定する方法について規定する．適用周波数範囲は 10kHz～6GHz とする．範囲外は準用できる．

3. 用語の定義

本規準で用いる主な用語の定義は，JIS C 60050-161 によるほか，次による．

(1) 電磁シールド層
　電磁シールド材を含む壁，床，天井，建具（扉，窓），設備機器等の電磁シールドを構成する部位を表す〔後述 8.1.1 の図 8.1 参照〕．

(2) 基準測定
　送信アンテナと受信アンテナを規定の条件で対向させて，アンテナ間に電磁シールド層が無い場合で，電磁シールド性能の算出において基準となる電磁界強度の受信電圧レベルを得る測定．

(3) シールド層測定
　送信アンテナと受信アンテナの間に電磁シールド層が有る場合で，透過した電磁界強度の受信電圧レベルを得る測定．

(4) 挿入損失法
　基準測定とシールド層測定の比較で電磁シールド性能を評価する方法．

(5) 電磁シールド性能
　測定対象となる電磁シールドルームが，電波の強さをどの程度低減させることができるかを本規準で評価した数値で，基準測定の電磁界強度とシールド層測定の電磁界強度の比を表したもの．

(6) 水平偏波
　電界方向が地面に対して平行である偏波．

(7) 垂直偏波
　電界方向が地面に対して垂直である偏波．

(8) 低域磁界
　本規準ではループアンテナで測定する周波数 10kHz～30MHz の測定界を低域磁界という．

(9) 低域電界
　本規準ではロッドアンテナで測定する周波数 10kHz～30MHz の測定界を低域電界という．

(10) 中域電磁界
　本規準では測定する周波数 30MHz～300MHz の測定界を中域電磁界という．

(11) 高域電磁界
　本規準では測定する周波数 300MHz～6GHz の測定界を高域電磁界という．

(12) 波　　長
　ここでは，空気中を伝わる周波数 f[Hz] の電波が1周期に進む距離を1波長（λ[m]）という．周波数 f に対する波長 λ は次式で示される．
　$\lambda = c/f$ [m]
　　ここで
　　　　$c = 3.0 \times 10^8$ m/s

(13) オープンサイト
　放射妨害波測定に使用する屋外に設けられたテストサイト．

(14) 電波暗室
　電波関連の精密な測定を目的として使用される特殊な設備．ほとんどの場合，電磁シールド室をベースとしてその内壁に電波吸収体を貼付した構成（5面吸収もしくは6面吸収）をとる．

(15) 暗ノイズ
　本規準による電波を発生させていない場合のノイズのこと．暗ノイズは，周辺の電磁環境に起因するものと，測定器の個別要素に起因するもの（自己ノイズ）の両方を含む．

4. 測定量

電磁シールド性能（単位：dB）

5. 挿入損失法による電磁シールド性能評価の基本

本規準は挿入損失法を適用する．図 5.1(a)に示すようにアンテナ間に電磁シールド層が無い場合で，送信アンテナと受信アンテナを距離 D （$=d_1+d_2+d_3$）で対向させ，送信アンテナから放射された電磁界強度の受信電圧レベル $L1$ (dBμV) を得る．これが基準値となる．図 5.1(b) の送信アンテナと受信アンテナの間に電磁シールド層が有る場合で，透過した電磁界強度の受信電圧レベル $L2$ （dBμV）を得る．これがシールド層測定値となる．両者のレベル差を求めて電磁シールド性能 $S = L1 - L2$ (dB)とする．なお，基準測定とシールド層測定時において，測定装置の追加や設定が異なる場合はこれを補正する．

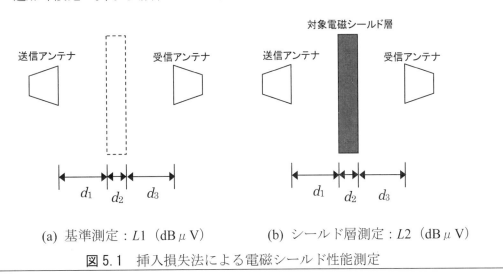

(a) 基準測定：$L1$ （dBμV）　　(b) シールド層測定：$L2$ （dBμV）

図 5.1 挿入損失法による電磁シールド性能測定

6. 測定界および周波数

> 電磁シールドルームの使用目的に応じて測定界および測定周波数を決める．
> ・低域磁界　：10kHz ～ 30MHz
> ・低域電界　：10kHz ～ 30MHz
> ・中域電磁界：30MHz ～ 300MHz
> ・高域電磁界：300MHz ～ 6GHz

　測定周波数は，電磁シールドルームの使用目的に応じて定めるべきである．ただし，情報共有を考慮して測定対象周波数を設定することもある．代表的な規格における測定対象周波数を巻末の参考資料に示す．なお，低・中・高域電磁界の界呼称は，測定に使用するアンテナの分類や測定帯域の波長から定めたものである．

　代表的な測定周波数例を下記に示す．これは NDS C 0012B を参考にしている．

・低域磁界：10kHz, 30kHz, 100kHz, 300kHz, 1MHz, 3MHz, 10MHz, 30MHz
・低域電界：10kHz, 30kHz, 100kHz, 300kHz, 1MHz, 3MHz, 10MHz, 30MHz
・中域電磁界：30MHz, 100MHz, 300MHz
・高域電磁界：300MHz, 1GHz, 3GHz, 6GHz

7. 測定装置
7.1 測定装置の接続と各測定装置

測定には以下の測定装置などを使用する．測定装置接続例を図 7.1 に示す．基準測定とシールド層測定時の受信電圧レベルの差が，要求される電磁シールド性能以上となるように測定装置の設定や追加を考慮する．

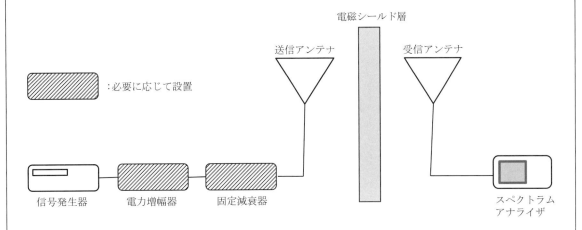

図 7.1　測定装置接続例

(1) アンテナ

下記に示すアンテナおよびそれらと同等のアンテナを使用することとする．

- 低域磁界　ループアンテナ
- 低域電界　ロッドアンテナ
- 中域および高域電磁界（同調アンテナ）　半波長ダイポールアンテナ
　　　　　　　　　　　　　　　　　　（広帯域アンテナ）　バイコニカルアンテナ
　　　　　　　　　　　　　　　　　　　　　　　　　　　　ログペリオディックアンテナ
　　　　　　　　　　　　　　　　　　　　　　　　　　　　ダブルリッジガイドホーンアンテナ

ただし，半波長ダイポールアンテナを使用する場合，30MHz から 80MHz においては，80MHz に同調したアンテナを用いる．

(2) 支持台

アンテナを安定的に固定するため，支持台（三脚・支柱など）を使用する．

(3) 発信装置

無変調連続波（CW）を安定して出力できる信号発生器を用いる．発信出力が調整でき，出力値が既知である必要がある．定期的に校正が行われた装置を使用する．

(4) 受信装置

安定した感度を有するスペクトラムアナライザを用いる．定期的に校正が行われた装置を使用する．

(5) ケーブル

測定系のインピーダンスと整合の取れた同軸ケーブル（50Ω系の場合，5D-2Wなど）を使用する．

(6) 固定減衰器

測定周波数において減衰量が既知である減衰器を用いる．

(7) 電力増幅器（パワーアンプ）

信号電力を安定して増幅できる増幅器を用いる．測定周波数において増幅率が既知である必要がある．定期的に校正が行われた装置を使用する．

(1) アンテナ

各測定界に対するアンテナの写真を解説図7.1～解説図7.6に示す．

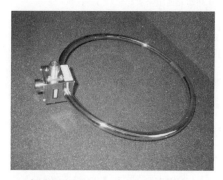

解説図7.1　ループアンテナ

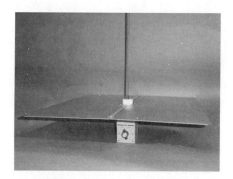

解説図7.2　ロッドアンテナ

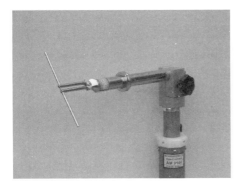
解説図 7.3　ダイポールアンテナ

解説図 7.4　バイコニカルアンテナ

解説図 7.5　ログペリオディック
　　　　　　アンテナ

解説図 7.6　ダブルリッジガイドホーン
　　　　　　アンテナ

　測定開始前の現場において，適切と思われる環境（付近に移動物や大きな導電体が少ない場所）で，基準測定と同様に機器を接続し，送受信アンテナの間隔を適切に設定した場合の受信レベルを確認することが望ましい．

　また，認可された校正機関等において，規格（ANSI C63.5, CISPR 16-1-5,16-1-6, SAE ARP 958, IEEE 291 等）に基づいた校正を事前に行うことも好ましい．

(2) 支　持　台（三脚・支柱など）

　アンテナの設置位置を固定する支持台は，三脚などの十分な強度を持った，位置のずれない機構とすることが必要である．しかし，使用する支持台が金属製の場合，電波を反射し，アンテナ自身の指向特性を変化させるおそれがある．ただし，本測定方法は相対値測定であり，あまり影響がないとの報告もある．少なくともアンテナエレメントと三脚の脚部の接触は避けるようにする必要がある．可能であれば樹脂製や木製のものを用いることが望ましい．

(3) 発　信　装　置

　電磁シールド性能測定において，信号は一般的に無変調連続波（CW）が用いられる．装

置は標準信号発生器もしくはファンクションジェネレータなどの信号発生器がある．ほかにスペクトラムアナライザ（受信装置）の掃引時間に同期した信号を発生するトラッキングジェネレータなどがある．一般的に現場での測定では，受発信一体型の装置は使い勝手の点で困難となる場合が多く，発信装置と受信装置がそれぞれ独立していた方が測定の実施においては扱いが容易である．

なお，基準測定では電波の放射による周囲への悪影響および受信装置の飽和が懸念されるため，発信出力の調整が必要となる．

(4) 受信装置

一般に現場における電磁シールド性能測定では，スペクトラムアナライザが使用される．スペクトラムアナライザは広い周波数帯域にわたって一度に測定することが可能で，対象信号を確認しやすい．しかしながら，製品の機能上，信号が広帯域に入力されるため，飽和することがあり，過大入力に対する注意が必要である．

(5) ケーブル

(a) ケーブルの種類および減衰量

一般的な電磁気測定においては二重シールドが施された同軸ケーブル（インピーダンス：50Ω）が多く用いられている．我が国では，以下に示す種類のものが市販されており，それぞれ線径，インピーダンス，静電容量，導体抵抗，標準減衰量等が JIS やほかの規格で規定されている．一般的には 5D-2W が用いられることが多いが，周波数が高い場合や電力容量が大きい場合などでは他の線種を選ぶ必要がある場合もあり測定の条件によって選択すべきである．代表的な二重編組同軸ケーブルの種類と特性一覧を解説表 7.1 に示す．減衰量はメーカごとに確認すること．

また，ノイズの混入やケーブルに起因するレベルの変動に対して，適切なフェライトコアを複数個，間隔を密にしてケーブルに装着すると影響を低減できる．装着するフェライトコアはケーブルに可能な限り密着させられるような径のものを選定する．

信号ケーブルは，測定器に確実に接続する必要がある．接続が不確実であるとこの部分からノイズの影響を受けたり，動作が不安定になる場合がある．

解説表 7.1 代表的な二重編組同軸ケーブルの種類と特性一覧（メーカカタログ抜粋）

品名	特性 インピーダンス	減衰量 10^{-3} dB/m 周波数 (Hz)					仕上外径
	Ω	1M	10M	30M	200M	4G	mm
5D-2W	50	7.3	26	46	125	760	8.1
RG-55A/U	50	11	37	66	178	700	5.4

(b) コネクタ

各測定装置には N 型や BNC のコネクタが標準装備されていることが多い．ケーブルの 5D-2W には N 型コネクタを接続して用いることが一般的である．コネクタとケーブルとの接続は，ケーブルの径により適合するものが異なるため注意が必要である．これらのコネクタには N 型－BNC 等の変換用コネクタが各種普及している．

コネクタとケーブルの適合例を以下に示す．

　　　　　　BNC（コネクタ）　　－　　RG-55A/U（ケーブル）
　　　　　　N 型（コネクタ）　　－　　5D-2W（ケーブル）

一般的に，BNC コネクタは数 100MHz 以下の比較的低い周波数に用いられることが多く，N 型コネクタは 6GHz 程度以下の周波数で用いられる．

(c) その他

測定開始前の現場において，発信装置と受信装置を使用ケーブルにて直接接続し，受信レベルを確認することが望ましい．

(6) 固定減衰器

電力増幅器を使用する際，送信アンテナからの反射波（アンテナのインピーダンスの不整合，近傍導電体からの信号反射）の影響による電力増幅器の飽和障害（場合によっては電力増幅器の破壊）が懸念される．電力増幅器と送信アンテナ間に，電力増幅器の出力に相応した定格の固定減衰器を挿入することによって，電力増幅器を保護することができる．この目的の場合，減衰量は 3dB 程度で良い．

また，電力増幅器，送信アンテナの許容入力に対し過大入力となる場合には，それぞれの前に必要に応じた減衰量を有する減衰器を挿入する．

測定開始前の現場において，発信装置と受信装置の間に固定減衰器を接続し，受信レベルを確認することが望ましい．

(7) 電力増幅器

高い電磁シールド性能を測定する際は，送信出力を大きくする必要がある．このため，送信用アンテナ前段に電力増幅器を挿入する．

(8) その他

・電源

電源は商用電源を用いる．これが得られない場合，発電機，建設現場の仮設電源等を用いることになる．これらを用いる場合，導電性ノイズ，電圧変動，サージ電流が測定に影響を及ぼすことも考えられる．その対策としてバッテリ駆動の測定器を用いることで，こ

れらの影響を回避できる．

・前置増幅器（プリアンプ）

　受信感度を向上させる目的で，受信側アンテナと受信装置の間に前置増幅器を挿入する場合がある．しかしながら前置増幅器の内部ノイズが，受信装置の設定によっては，受信装置の内部ノイズレベルよりも大きくなることがあり，前置増幅器を挿入しても効果が得られないことが少なくない．また，飽和により測定不能となることがある．使用する場合には，これら指摘事項を考慮すべきである．

7.2　発信・受信装置の設定

- 発信信号は無変調連続波（CW）とする．
- 受信装置の検波方式は原則として尖頭値（ピーク値）とする．
- 測定値は最大値を読み取る．
- 受信装置の設定は，基準測定とシールド層測定とで同一とする．

(1) スペクトラムアナライザの指示値の読取り

　スペクトラムアナライザには指示値の読取りに関して，瞬時値，最大値ホールド（前スイープ時より大きな値が入力されるとその値を保持），アベレージング（平均値）の機能がある．本規準においては，測定者の読取りの主観が除去できることから，最大値ホールドを適用することを推奨する．

(2) スペクトラムアナライザの設定による暗ノイズの低減

　測定時の読取り値と暗ノイズレベルが非常に近接し読み取れない場合には，スペクトラムアナライザの設定を変更することにより両者の分離が可能となる場合がある．その設定方法の一例として，スペクトラムアナライザのスパン設定を狭めることがある．このように，測定値読取り時に機器の設定条件を変更した場合には，変更後の設定条件で再度基準測定を実施する必要がある．

7.3 アンテナ間距離および高さ

　それぞれのアンテナ使用時のアンテナ間距離Dおよび高さHの考え方を図7.2, 7.3に示す．壁の測定の場合，アンテナ高さHは，設置が容易な高さ，床から1.4mを基本とする．

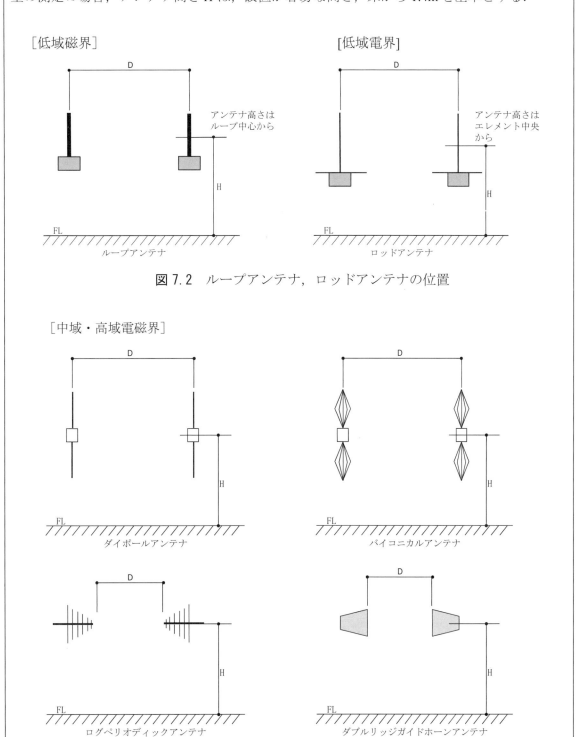

図7.2 ループアンテナ，ロッドアンテナの位置

図7.3 ダイポール，バイコニカル，ログペリオディック，ダブルリッジガイドホーンアンテナの位置

アンテナ高さ H=1.4m は，オフィスなどのデスク高さ（床から 0.7m 程度）とサーバーなどの装置やキャビネットの高さ（床から 2m 程度）の中間高さに相当する．

7.4 測定装置の設置と測定者

- 測定装置設置時に，アンテナ，ケーブル，測定者等を多少動かし（揺らす，移動させる等），受信値に大きな変動が無いことを確認する．
- 測定者の人数は必要最小限とする．

アンテナ周辺の電波を反射する物体の存在は，測定値に影響を及ぼす可能性が高いため極力取り除くことが望ましい．測定の実施に不要な人間の測定対象付近への立入りの制限，測定時の人員の移動禁止，特にアンテナ近傍での移動の禁止が必要となる．発信装置，受信装置は測定対象近辺から離れた場所に設置することが望ましい．

8. 測定方法
8.1 アンテナの設置と偏波
8.1.1 アンテナ間距離と電磁シールド層厚さ

アンテナ間の距離 D は，図 8.1 に示すとおり，壁や床の表面からの距離 d_1 および d_3 と電磁シールド層厚さ d_2 を合計したものとする．

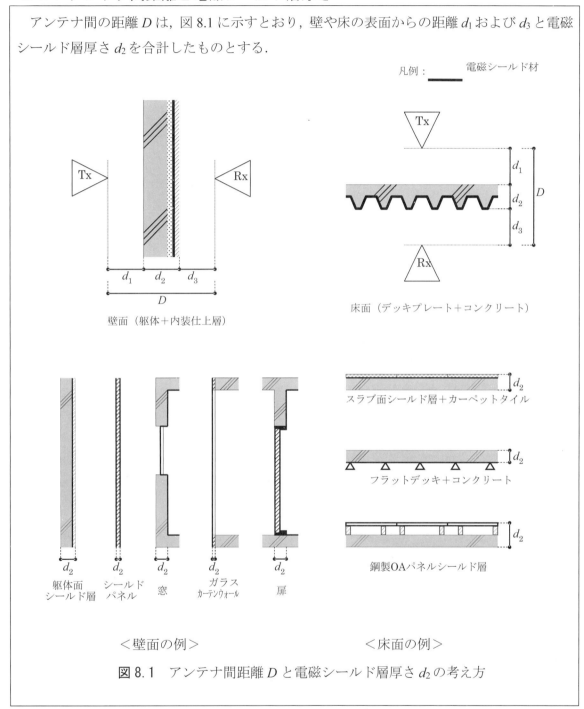

図 8.1 アンテナ間距離 D と電磁シールド層厚さ d_2 の考え方

d_2 は建築図面で正確に把握することが可能であるため，アンテナ間距離 $D(=d_1+d_2+d_3)$ の設定が容易に行うことができる．また，d_1 および d_3 は測定界に応じたある範囲で任意に設定されるため，アンテナ間距離 D をすべての測定場所で統一することが可能である．ここで電磁シールド層厚さ d_2 は電磁シールド材を含んだ壁や床等の厚さ全体をいう．例え

ば，キーストンプレートやフラットデッキ等を電磁シールド材として利用する時，波板状の電磁シールド面となるが，複合するコンクリートや表面材を含めて電磁シールド層という．

8.1.2 アンテナの偏波

原則として次の偏波の測定を実施する．

- ループアンテナ　　　　　　　　　　アンテナ設置方向：シールド層に対してループ面が平行を基本とする
- ロッドアンテナ　　　　　　　　　　垂直偏波，（水平偏波：必要に応じて実施）
- 半波長ダイポールアンテナ　　　　　垂直偏波，水平偏波
- バイコニカルアンテナ　　　　　　　垂直偏波，水平偏波
- ログペリオディックアンテナ　　　　垂直偏波，水平偏波
- ダブルリッジガイドホーンアンテナ　垂直偏波，水平偏波

偏波に対するアンテナの向きを図 8.2 および図 8.3 に示す．

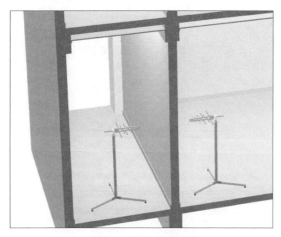
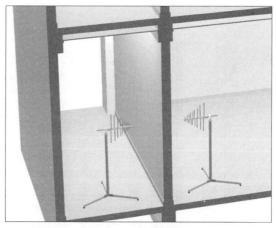

壁面（水平偏波）　　　　　　　　　　壁面（垂直偏波）

図 8.2　壁面の測定偏波に対するアンテナの向き

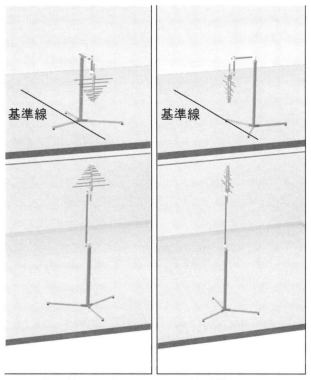

基準線に垂直　　　基準線に水平

注：床・天井については基準線を定め，それと
直交・平行する2方向に対して実施する．

図 8.3　床・天井面の測定偏波に対するアンテナの向き

　ループアンテナを用いた低域磁界のアンテナ配置は，IEEE Std 299 と NDS C 0012B 両規格で異なっている．本規準においては，NDS C 0012B と同じ配置方法としている．これは NDS で定められているアンテナ配置は，シールド層に致命的な欠陥があった場合，シールド性能の劣化の程度を把握することが容易であるという解析結果に基づいている．

　解説図 8.1 は，1.6mm 厚の鋼板から構成されるシールド層において，垂直軸方向（z 軸方向）もしくは水平方向（x 軸方向）に幅 10mm，長さ 3 000mm の欠陥があった場合の，IEEE および NDS（ただし，受信アンテナは回転せず固定）で定められているアンテナ配置を採用した際に得られるシールド性能の解析結果を示している．

　IEEE Std 299 で定められているアンテナ配置を採用した結果に着目すると，水平方向に欠陥がある場合は性能劣化を反映した結果を得ることができているが，垂直方向に欠陥がある場合は性能劣化を反映した結果を得ることができていない．一方，NDS C 0012B で定められているアンテナ配置を採用した結果に着目すると，水平方向・垂直方向いずれの欠陥に対しても性能劣化を反映した結果を得ることができている．

　以上の解析による検討を踏まえて，本規準においてはループ面をシールド層に対して平

行にアンテナを配置する方法を採用した．

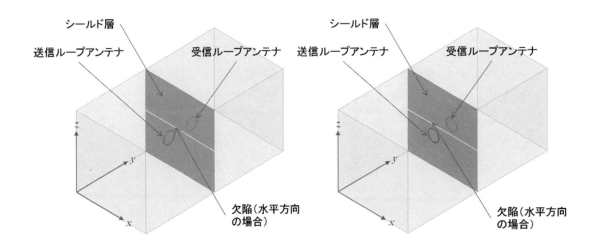

(a) 解析モデル（IEEE Std 299）　　(b) 解析モデル（本規準，NDS C 0012B）

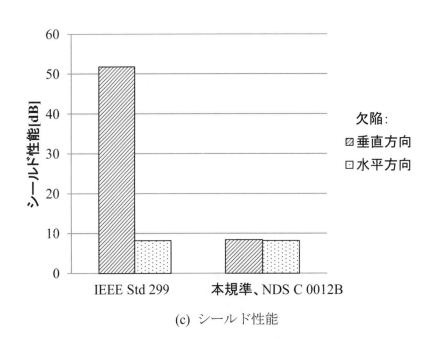

(c) シールド性能

解説図 8.1　各測定法におけるシールド性能値解析結果例

8.2 基準測定[6)~12)]

測定方法：電磁シールド層が無い状態において，図 8.1 に示す距離 D にて送信・受信アンテナを設置し，電波の受信レベルを受信装置により測定する．この値を基準値（$L1$：dBμV）とする．

測定環境：当測定を実施する際の周囲環境の条件を下記に示す．環境-1～環境-3 の順に好ましい条件となる．建築物の屋内環境（居室，通路等）での実施は認めない．

 環境-1： オープンサイト

 環境-2： 電波暗室（6 面吸収，5 面吸収）．電磁シールド室を除く，電波暗室相当仕様の実験施設での実施も容認する．

 環境-3： 周囲環境による影響の少ないと判断される屋外空間．評価対象である施設の建設現場にこだわらない．図 8.4 に示すように，送信あるいは受信アンテナから水平方向の電波反射物までの最短距離約 5m 以上を推奨する．

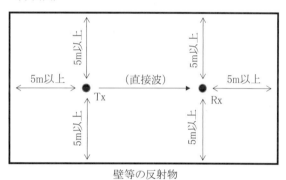

図 8.4 基準測定環境の例（環境-3）

測定条件：電波暗室（6 面吸収）を除く環境-1～環境-3 のすべてにおいて，床面からの反射波が基準値に強く影響を及ぼす．これを軽減することを目的とした測定条件を以下に示す．

 アンテナ偏波： 垂直偏波とする．

 アンテナ設置高さ： シールド層測定で規定した「床から 1.4m」を基本とするが，可能な限り床より高い位置を推奨する．
また，図 8.5 に示すとおり，床面（大地面）からの反射波が，受信アンテナに到来すると推定される反射領域付近に，適切な電波吸収体を設置することで，高い位置へのアンテナ設置と同様の効果が見込める．

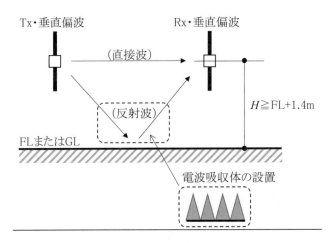

図8.5 基準測定条件の概要(ダイポールアンテナの例)

(1) 基準測定実施の基本

基準測定は,現場での電磁シールド性能測定の直前に行うことが多い.しかしながら,現場において良好な基準測定環境が確保できない場合や時間的に困難な場合は,別途,好ましい環境条件での基準測定の実施とならざるを得ない.本規準においては,この状況を想定して,事前の基準測定実施の容認,および必要とする測定環境・測定条件の規準を設けた.なお,本方法を適用する場合,現場での測定に際してすべての機器が正常に動作することを事前に確認する.

基準測定の実施環境としては環境-1,環境-2を基本的に推奨する.しかしながら,解説表8.1に示すように,最も好ましい基準測定環境は,測定界が低域電界・磁界,中域・高域電磁界のいずれであるかにより変化する.同表の推奨環境以外の環境においても測定は可能であるが,結果に誤差が生じやすくなることに注意する必要がある.なお,環境-3の測定では,「(水平方向の)電波の反射物から可能な限り離隔できる広い屋外空間で行う」ことが前提となる.

解説表 8.1 測定界別に推奨する基準測定環境

測定界およびアンテナ		推奨する基準測定環境		備考
		第一推奨	第二推奨	
低域電界・磁界 (10kHz〜30MHz)	電界 (ロッド)	環境-1	環境-3	電波暗室の電波吸収体が機能せず，反射波の影響が出やすい．
	磁界 (ループ)	環境-1, -2, -3	—	電波暗室の電波吸収体は機能しないが，磁界波では距離減衰傾向が強く出るので，反射波の影響が出にくい．
中域・高域電磁界 (30MHz〜6GHz)	バイコニカル	環境-1	環境-3	電波暗室の電波吸収体が機能せず，反射波の影響が出やすい．
	ログペリオディック	環境-2（6面吸収）	環境-1, -2（5面吸収），-3	電波暗室の電波吸収体の機能が期待できる．
	ダブルリッジガイド	環境-1, -2	環境-3	電波暗室の電波吸収体の機能が期待できる．

(2) 床面からの反射波の影響を低減した基準測定における偏波の設定について

　基準測定値に最も影響する反射波は，通常，アンテナに最も近い位置に存在する床面（大地面）からのものである．当規準では，その影響度低減を目的とした測定条件の設定を検討した．

　ロッドアンテナ，ダイポールアンテナ，バイコニカルアンテナ，ログペリオディックアンテナは，概ねアンテナエレメントの直交方向に指向性を有しており，エレメント軸方向へ傾斜するに従って指向性は徐々に弱まり，エレメント方向には基本，電波を放射（受信）しない．したがって，床面（大地面）からの反射波の影響を低減する目的で，まず，基準測定を「垂直偏波のみ」とした．他の規準では，シールド層測定時の条件に応じて，水平偏波と垂直偏波での基準測定が規定されているが，基準測定とシールド層測定では周辺の反射層（遮へい層）の配置条件が全く異なるので，ここに重きを置くよりも，基準測定における周辺反射物の影響度軽減への方策が重要と判断した．特に，天井や床面を対象としたシールド層測定においては，どのようなアンテナ設置，偏波条件を基準値として採用すべきかについては，従来の考え方では判断ができない．

(3) 周囲環境への影響の配慮

　オープンサイト，屋外空間での基準測定においては，測定用電波が外部空間に放射される．事前に現地の電波環境の実態を把握し，混信等の電波障害が発生しないように使用する電波の強度や周波数を決定する必要がある．なお，この問題は電波暗室では電磁シールドされた空間であるため発生しない．

8.3 シールド層測定
8.3.1 低域磁界および電界（10kHz〜30MHz）の測定

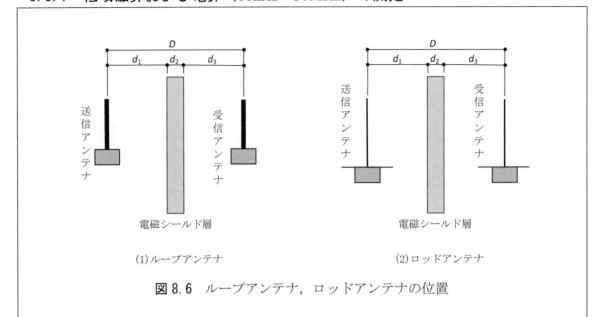

図 8.6 ループアンテナ，ロッドアンテナの位置

(1) シールド層測定：図 8.6 に示すとおり送受信アンテナ間に電磁シールド層が有る場合で，基準測定と同一のアンテナ間隔 D，アンテナ設定条件において測定を行い，この値をシールド層測定値（$L2 : \mathrm{dB\mu V}$）とする．

(2) d_1, d_3 の設定：d_1, d_3 の値はそれぞれ 300mm〜1 000mm 程度の範囲に設定することを基本とするが，具体的には現場の状況により判断する（後述 10 の結果報告書等にアンテナ設定条件を明記する）．

8.3.2 中域および高域電磁界（30MHz～6GHz）の測定

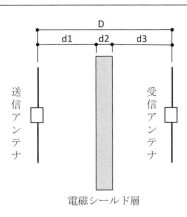

図 8.7 ダイポールアンテナの位置

(1) シールド層測定：送受信アンテナ間に電磁シールド層が有る場合で，基準測定と同一のアンテナ間隔 D，アンテナ設定条件において測定を行い，この値をシールド層測定値（$L2$：dBμV）とする．ここでは図 8.7 にダイポールアンテナの場合の設置位置の例を示すが，他のアンテナについても同様である．

(2) d_1, d_3 の設定：d_1 の値は波長/2π以上，d_3 の値は 300mm～1 000mm 程度の範囲に設定することを基本とするが，具体的には現場の状況により判断する（後述 10 の結果報告書等にアンテナ設定条件を明記する）．

波長/2πは解説表 8.2 のとおりとなる．

解説表 8.2 波長/2πの計算例

周波数 [MHz]	波長/2π [m]
30	1.59
100	0.477
300	0.159

9. 測 定 点

　測定対象は，電磁シールドされたすべての面（壁，床，天井），建具（扉，窓），設備機器（フィルタボックス，空調ダクト，設備配管の貫通部など）とする．測定点の例を図 9.1 に示す．ただし，測定者が制限されてアクセスできない場所や，アンテナの設置ができない場所等，制約があり測定不可能な場合は，省略することができる．アクセス可能な場所はすべてを測定対象とする．測定対象部位に測定に影響を与えるおそれのある器物が存在する場合は，器物を移動または撤去することができる．器物の移動・撤去が不可能な場合は測定点を移動することができる．測定点は，電磁シールドの用途，目的，コストに応じ，施主・設計者と十分協議をして設定をする．下記 9.1～9.4 に各測定対象における測定点を規定する．

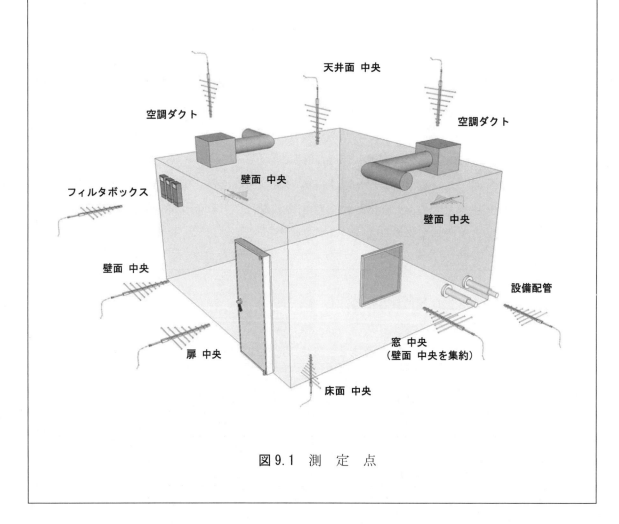

図 9.1　測　定　点

9.1 壁

測定対象とするすべての壁面に対して，各壁面ごとに少なくとも1点を測定点に設定する．基本は幅方向の中央を測定点とする．中央に構造物（パイプシャフト，柱等）などがあり測定できない場合はその近傍で設定する．アンテナ高さは，$H=1.4m$ を基本とする．電磁シールドを構成する材料および構造が異なる部位がある場合には，その部位を測定点に追加する．

9.2 床，天井

測定対象とする床・天井面に対して，少なくとも1点を測定点に設定する．基本は中央を測定点とする．中央に構造物などがあり測定できない場合はその近傍で設定する．電磁シールドを構成する材料および構造が異なる部位がある場合には，その部位を測定点に追加する．

9.3 建具（扉，窓）

すべての電磁シールド建具を測定対象とする．測定点は中央1点とする．壁面で設定した測定点が，電磁シールド建具の測定点と近接している場合は，近接する壁面の測定点を省略することができる．

扉や窓等の建具においても材料（部位，構造）の継ぎ目や接続部が弱点となりやすい．扉中心1点で電磁シールド性能測定をした場合に発生する変動要因について2つの例を以下に示す．

＜例1 扉上の電磁波照射範囲＞

電力半値幅は，使用するアンテナにおいて，最も利得の大きい部分から利得が 3dB 低下する角度領域として定義される．電磁シールド性能測定対象として(W)900mm×(H)2 100mm の電磁シールド扉を想定する．アンテナと扉間の距離を 1 000mm とし，扉中心にログペリオディックアンテナを設置した際の電力半値幅と扉の関係を解説図 9.1 に示す．楕円内部が電力半値幅に納まっている領域である．垂直・水平偏波ともに扉目地が電力半値幅内に完全に包含されておらず，扉目地の性能把握としては変動要因となる．

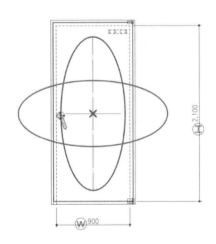

解説図 9.1 電力半値幅と扉の関係

＜例2　電磁シールド扉の縦目地に欠陥がある場合のシールド性能解析＞

　解説図9.2に示すように3m×1.5m×3mの電磁シールド室に設けた1m×2mの電磁シールド扉の縦目地に欠陥があるモデルを考える．アンテナと扉間の距離を0.6mとして，扉中心でアンテナを対向させた場合と，扉の縦目地の欠陥中心でアンテナを対向させた場合の電磁シールド性能を解析により求めた結果を解説図9.3に示す．扉中心でアンテナを対向させた場合は，扉の縦目地の欠陥中心でアンテナを対向させた場合に比べて，高い電磁シールド性能が得られることが分かる．

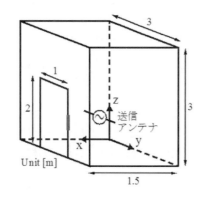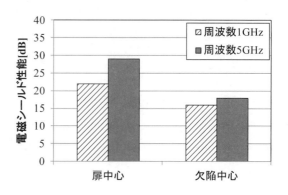

解説図9.2　電磁シールド扉の縦目地に
欠陥があるモデル

解説図9.3　電磁シールド性能解析結果

　例1，2で示したように，扉中心1点で性能評価を行うと変動要因が含まれることが分かる．測定者はこれらの変動要因を考慮し，測定結果の解釈をする必要がある．

9.4　設備機器（フィルタボックス，空調ダクト，設備配管など）

> すべての設備機器の貫通部を測定対象とする．測定点は，対象貫通部の中央の1点とする．アンテナの設置などに制約があり，中央での測定が不可能な場合は，その近傍を測定点に設定する．設備機器の貫通部が近接している場合は，測定点を集約することができる．その場合は集約した設備機器の貫通部の中央を測定点とする．設備機器の貫通部が多く，すべての測定が困難な場合は，電磁シールドを構成する材料および構造が同一であれば省略することが可能で，その場合少なくとも代表点の1点を測定点に設定する．壁面および床・天井面で設定した測定点が，設備機器の貫通部の測定点と近接している場合は，近接する壁面および床・天井面の測定点を省略することができる．

　竣工後に電磁シールドルーム内に特別な装置を設置して利用する場合，原則として装置を稼働しない状態で，電磁シールド性能測定を行う．これは装置を稼働したことによって測定の実施が困難になったり，電磁シールドルーム内の暗ノイズレベルが増加することにより測定ダイナミックレンジ確保が難しくなるためである．

10. 測定結果の整理方法および表示方法

測定結果の整理方法および表示方法は，下記を基本とする．

(1) 測定現場名，所在地

(2) 測定対象室の概要（形状，寸法，電磁シールド構造，要求性能等）

(3) 測定年月日（曜日），時間

(4) 天　　　候

(5) 測　定　点

(6) 測　定　値

(7) 測定機関，測定者名

(8) 使用機器の名称，測定状況

　・測定電磁界（低域磁界，低域電界，中域電磁界，高域電磁界）

　・測定方法（建築物の現場における電磁シールド性能測定方法）

　・測定実施状況（偏波，送信・受信アンテナ設定位置および間隔）

　・測定対象周波数

　・アンテナ名称，型式

　・発信装置名称，型式，出力レベル

　・受信装置名称，型式，検波方式，通過帯域幅

　・使用ケーブルの種類，長さ

　・その他，測定に使用した機器の名称，諸元

(9) 測定状況写真

(10) その他，特記すべき事項

参考資料：その他の規格

測定周波数，アンテナ配置および測定箇所に関して，NDS C 0012B, IEEE Std 299, MIL-STD-285 を比較した表を以下に示す．ただし，これらは概要を示すもので，詳細は各規格を参照すること．

資料表1 NDS C 0012B, IEEE Std 299, MIL-STD-285 の比較表（比較項目：周波数）

NDS C 0012B	IEEE Std 299	MIL-STD-285
以下に示す系列 A,B,C の内のいずれかを選定する．	建物所有者との協議によって決定するが，以下の周波数が推奨されている．	150-200kHz（磁界）
●系列 A		200kHz（電界）
10, 100 （kHz）	●低周波数帯（9kHz-20MHz：磁界のみ）	10MHz（電界）
1, 10, 100 （MHz）	9-16kHz, 140-160kHz, 14-16MHz	180MHz（電界）
1, 10 （GHz）	の中からそれぞれ1波ずつ	400MHz（平面波）
●系列 B	●共振周波数帯（20-300MHz）	
10, 33, 100, 330 （kHz）	シールドルームの共振周波数を避けて設定する．	
1, 3.3, 10, 33, 100, 330 （MHz）	●高周波数帯（300MHz-18GHz）	
1, 3.3, 10, 33 （GHz）	300-600MHz, 600MHz-1GHz, 1-2GHz, 2-4GHz,	
●系列 C	4-8GHz, 8-18GHz	
10, 22, 47, 100, 220, 470 （kHz）	の中からそれぞれ1波ずつ	
1, 2.2, 4.7, 10, 22, 47, 100, 220, 470 （MHz）		
1, 2.2, 4.7, 10, 22 （GHz）		

資料表2　NDS C 0012B, IEEE Std 299, MIL-STD-285 の比較表（比較項目：測定方法およびアンテナ配置）

NDS C 0012B	IEEE Std 299	MIL-STD-285
原則は下記のとおりとする。	原則は下記のとおりとする。	●電界・磁界 測定法：挿入損失法 送受信アンテナ間隔 $d_1 = d_2 + t + d_3$ 送信アンテナ－シールド層間隔 $d_2 = 12\text{inch}$ シールド層厚み t シールド層－受信アンテナ間隔 $d_3 = 12\text{inch}$ ●平面波 測定法：透過損失法
●10kHz-30MHz（電界・磁界） 測定法：挿入損失法 送受信アンテナ間隔 $d_1 = d_2 + t + d_3$ 送信アンテナ－シールド層間隔 $d_2 = 300\text{mm}$ シールド層厚み t シールド層－受信アンテナ間隔 $d_3 = 600\text{mm}$（磁界），300mm（電界） ●30MHz以上 測定法：挿入損失法 送受信アンテナ間隔 $d_1 = d_2 + t + d_3$ 送信アンテナ－シールド層間隔 $d_2 = 1\,000\text{mm}$ シールド層厚み t シールド層－受信アンテナ間隔 $d_3 = 1\,000\text{mm}$ アンテナ高さ $h = 1\,200\text{mm}$	●9kHz-20MHz（磁界のみ） 測定法：挿入損失法 送受信アンテナ間隔 $d_1 = d_2 + t + d_3$ 送信アンテナ－シールド層間隔 $d_2 = 300\text{mm}$ シールド層厚み t シールド層－受信アンテナ間隔 $d_3 = 300\text{mm}$ ●20MHz以上 測定法：1箇所の送信点に対して，受信点をシールドルーム内で網羅的に走査 送受信アンテナ間隔 $d_1 = d_2 + t + d_3 = 2\,000\text{mm}$ 送信アンテナ－シールド層間隔 $d_2 = 1\,700 - t\text{ mm}$ シールド層厚み t シールド層－受信アンテナ間隔 $d_3 = 300\text{mm}$ アンテナ高さ $h = $ 天井高の半分（天井高が3m以下の場合）	

資料表 3　NDS C 0012B, IEEE Std 299, MIL-STD-285 の比較表（比較項目：測定点）

NDS C 0012B	IEEE Std 299	MIL-STD-285
●重点部位 シールド扉，窓，空調口，換気口，アクセスパネル，フィルタボックス等 周囲長に応じて測定点数が変わる。 例えば周囲長 10m 以下の場合，四隅と中心を測定点とする。 ●一般部位 重点部位以外の部位．壁や天井等． 中点から両端方向に複数の測定点を割り付ける。	●9kHz-20MHz（磁界のみ） 片開き扉　14 点 両開き扉　22 点 壁面　　　パネルどうしの継目 ●20MHz 以上 壁面・扉・設備等の貫通部近傍等．壁面に関しては複数の測定点を定められた間隔で割り付ける。	記載なし．

参考文献

1) MIL-STD-285, Military Standard Attenuation Measurements for Enclosures, Electromagnetic Shielding, for Electronic Test Purposes, Method of., 1956
2) IEEE No.299, EEE Standard Method for Measuring the Effectiveness of Electromagnetic Shielding Enclosures., 1991
3) NDS C 0012B,「防衛省規格電磁シールド室試験方法」, 2013
4) 日本建築学会環境工学委員会電磁環境小委員会：建築物の現場における電磁シールド性能測定法，第4回電磁環境シンポジウム，2000
5) 日本建築学会環境工学委員会電磁環境運営委員会：建築物の現場における電磁シールド性能測定法，第6回電磁環境シンポジウム，2008
6) 吉野涼二・志田浩義・笠井泰彰・三枝健二：電磁シールド性能基準測定方法に関する検討（その1 基準値測定環境に関するシミュレーション検討結果について），日本建築学会大会学術講演梗概集，pp.555-556, 2013年8月
7) 志田浩義・吉野涼二・笠井泰彰・三枝健二：電磁シールド性能基準測定方法に関する検討（その2 電波半無響室内における実測結果(30MHz～1GHz)について），日本建築学会大会学術講演梗概集，pp.557-558, 2013年8月
8) 笠井泰彰・吉野涼二・志田浩義・三枝健二：電磁シールド性能基準測定方法に関する検討（その3 電波半無響室内における実測結果(1GHz～5GHz)について)），日本建築学会大会学術講演梗概集，pp.559-560, 2013年8月
9) 吉野涼二・笠井泰彰・志田浩義・三枝健二・藤岡友美：電磁シールド性能基準測定方法に関する検討（その4 電磁シールド室付近の周辺環境による測定結果への影響度），日本建築学会大会学術講演梗概集，pp.595-596, 2014年9月
10) 志田浩義・笠井泰彰・三枝健二・藤岡友美・吉野涼二：電磁シールド性能基準測定方法に関する検討(その5 これまでの結果報告に対する意見や指摘とそれに関する考察)，日本建築学会大会学術講演梗概集，pp.597-598, 2014年9月
11) 志田浩義・笠井泰彰・三枝健二・吉野涼二：電磁シールド性能基準測定方法に関する検討（その6 30MHz以下の周波数帯域における基準値測定サイト），日本建築学会大会学術講演梗概集，pp.531-532, 2015年9月
12) 吉野涼二・志田浩義・笠井泰彰・三枝健二：電磁シールド性能基準測定方法に関する検討（その7 30MHz～1GHz帯域測定における標準計測サイトの適正について），日本建築学会大会学術講演梗概集，pp.533-534, 2015年9月

日本建築学会環境基準
AIJES-E0003-2017
建築物の現場における電磁シールド性能測定方法規準・同解説

2017年2月1日　第1版第1刷

編　集 著作人	一般社団法人　日本建築学会
印刷所	昭和情報プロセス株式会社
発行所	一般社団法人　日本建築学会

　　　108-8414　東京都港区芝 5-26-20
　　　電　話・(03) 3456-2051
　　　ＦＡＸ・(03) 3456-2058
　　　http://www.aij.or.jp/

発売所　丸善出版株式会社

　　　101-0051　東京都千代田区神田神保町 2-17
　　　　　　　　神田神保町ビル
　　　電　話・(03) 3512-3256

Ⓒ 日本建築学会 2017

ISBN978-4-8189-3629-4　C3352